AF453657

LETTRE
DE M. DE B...
A MONSIEUR
DE VOLTAIRE.

Au sujet de son Abrégé de l'Histoire Universelle.

G. 1300
B

A LONDRES,

Chez JEAN NOURCE.

M. DCC. LV.

LETTRE

DE M. DE B....,

A MONSIEUR

DE VOLTAIRE.

Au sujet de son Essai sur l'Histoire
Universelle.

MONSIEUR,

JE serai sans doute regardé comme un téméraire, d'oser hasarder quelques réflexions sur un de vos Ouvrages, qui dans plusieurs parties mérite des applau-

differ;mens. Je veux parler de votre
Effai fur l'Hiftoire Univerfelle. Il
n'y a rien à défirer à la beauté de
votre ftyle , cette décifion pure ,
cette clarté dans vos penfées , ces
termes choifis , & cette facilité de
vous exprimer , devroient faire
perdre à tout efprit fenfé le deffein
de lutter contre vous dans ce
genre ; cependant je n'ai pû refifter
à la tentation de vous dire mon
fentiment fur cet Ouvrage.

J'avois penfé jufqu'à préfent que
de tous les genres d'écrits aufquels
peut s'appliquer un homme de
mérite & de bon fens , il n'y en
avoit pas de plus noble , de plus
grand , & de plus utile à la Société
que l'Hiftoire , mais en même-
temps de plus difficile à exécuter :
En effet, quoi de plus beau qu'un
Ouvrage deftiné à inftruire les
Princes & les Peuples , régler leur
cœur & leur efprit par de folides

[5]

Inſtructions , & les exciter à la vertu
par les beaux exemples qu'on leur
préſente ? mais il faut auſſi que
l'Hiſtorien ſoit doué de grandes
qualités ; il faut qu'il joigne à des
connoiſſances très-étendues une
probité incapable de prévention ,
un grand ſens , un grand diſcernement , des mœurs pures , & une
modeſtie capable de réſiſter au
plaiſir de mettre au jour des penſées brillantes hors de leur place ;
que ſon ſtyle ſoit noble , mais ſim-
ple & ſans affectation ; qu'il ſçache
diſtinguer les faits dignes d'être
écrits , de ceux qui ſont inutiles ,
ſuperflus & bas ; s'il mêle dans ſa
narration des choſes agréables ,
que ce ſoit pour embellir la vérité
& non pour la corrompre ; qu'il
ne ſurcharge point ſon Ouvrage de
réflexions déplacées ni de traits
ſatiriques ; & enfin qu'il ne s'abandonne pas à la chaleur de ſon ima-

A iij

gination , ni à la vivacité de son esprit.

Votre Ouvrage , Monsieur , ne me perfuade pas que vous ayez exécuté toutes les régles , & évité tous les défauts dont je viens de parler. Vous êtes tombé dans le vice que vous reprochez aux Orientaux dans votre Lettre à un Profeffeur en Hiftoire : vous y avez mis *plus d'imagination que de choix & plus d'enflure que de grandeur.* Si vous aviez fuivi le plan que vous aviez formé , comme vous l'expo-fez dans votre Préface du troifiéme Volume , vous deviez nous donner quelque chofe de bon , mais vous vous en êtes entierement écarté.

J'apperçois , par la façon dont vous dites que vous avez étudié l'Hiftoire , que votre principal ob-jet avoit été les Arts & les Sciences, & que l'Hiftoire des Arts avoit eu la préference fur l'Hiftoire des Faits.

vous nous annoncez en même-
temps que tous les materiaux que
vous aviez préparé avoient été
perdus : si ce que vous dites est
vrai, on peut vous demander sur
quels Mémoires vous avez écrit,
& vous conviendrez, comme il
est aisé de s'en appercevoir, que
votre Ouvrage n'a été composé
que d'idée, à la hâte, dans un
temps où votre imagination étoit
échauffée par votre entousiasme
poëtique, & à mesure que vous
lisiez les Auteurs.

La crainte que j'ai d'ennuyer me
fait prendre la résolution de vous
parler principalement de votre
troisiéme Volume ; je laisserai à
l'écart les deux premiers dont vous
dites que l'Edition a été furtive-
ment faite sans votre aveu. Nous
sommes si fort accoutumés à ce
discours des Auteurs d'Ouvrages
hasardés, que nous n'y faisons plus

d'attention ; la conformité du ftyle des deux premiers avec le troifiéme que vous avouez, prouve fuffifamment que vous en êtes l'Editeur, & j'ai de la peine à croire que dans une feconde Edition vous nous donniez quelque chofe de meilleur, parce que le deffein en eft mal conçû & l'exécution défectueufe.

Après l'avoir lû avec une rapidité caufée par le plaifir que nous donne un Ouvrage bien écrit , je l'ai relû avec plus de fang froid & de réflexion.

Votre Titre nous annonçoit un Ouvrage qui devoit intéreffer toute l'Europe , vous l'avez commencé au Regne de Charlemagne. J'aurois crû que vous auriez fuivi la route que vous avoit tracé fur un pareil fujet M. Boffuet qui finit au Regne de ce Prince. Si vous aviez voulu vous auriez pû nous donner quelqu'Ouvrage digne d'être placé à côté de cet illuftre Ecrivain, mais vous avez mis entre vous deux une trop grande diftance.

Vous commencez votre Ouvrage par l'Hiftoire des Chinois. L'intérêt que nous prenons à l'Hiftoire de ce Peuple, comparée à celle de notre Europe, eft fi médiocre, que vous pouviez vous épargner la peine de nous en inftruire ; d'ailleurs fa fabuleufe Antiquité & même fon Hiftoire connue ne nous préfentent aucuns de ces beaux traits, de vertu, de courage, & de bon gouvernement capables de nous inftruire & de nous donner de l'émulation ; de-là vous faites des excurfions de Royaumes en Royaumes, de Nations en Nations, de fiécles en fiécles, fans aucun ordre ; vous nous accablez de faits entaffés fans choix, qui n'ont entr'eux aucune liaifon ; les derniers font oublier les premiers.

& il ne nous reste de la lecture de votre Ouvrage que quelques épi-grammes.

Examinez l'Ouvrage de M. de Meaux ; voyez de quelle façon il parle des Empires qui ont paru avec éclat dans l'Univers, les Egyptiens , les Assyriens , les Médes , les Perses , les Grecs, l'Empire de Carthage & celui de Rome ; avec quelle grandeur il développe , les mœurs, les usages, la politique , les guerres de ces Peuples , les causes de leur puissance & de leur décadence ; la noblesse de son style égale la majesté de son sujet : il attend qu'il nous ait fait connoître parfaitement les Egyptiens , pour nous parler des Assyriens & des Perses ; lorsqu'il parle des mœurs & des usages de ces Peuples , c'est pour nous faire connoître la liaison qu'ils ont avec la constitution de leur gouvernement,

Vous avez prétendu dans votre troisiéme Volume nous donner les mœurs & les usages du quatorziéme siécle de notre Europe ; n'aviez-vous rien de mieux à nous apprendre que *l'Invention des Bésicles, la Fayence inventée à Faenza ?* *Que nous importoit de sçavoir que vers l'an 1180. les François porterent en Angleterre l'usage des Vitres ; que les Vénitiens avoient seuls le séeret des Miroirs de Cristal ; que les Villes d'Italie étoient magnifiques, pendant que celles de France & d'Allemagne étoient couvertes de Chaumes ; que Charles VI. avoit fait défenses de donner dans les repas plus de deux plats avec le potage ; que le vin étoit rare, la bougie inconnue, & la chandelle un luxe ; qu'on ne portoit point de linge,* & tant d'autres choses en partie fausses & toutes indignes d'une Histoire Universelle, pendant que vous négligez

les chofes effentielles ? Il eft vrai
que toutes ces puerilités font écrites d'un ftyle agréable ; quand on
les a lûes , on les abandonne comme l'Almanach de l'an paffé ; mais
elles font vendues , & c'eft tout ce
qu'il vous faut.

Ne pouviez-vous pas , en com-
mençant par l'Hiftoire de votre
Patrie , nous développer les caufes
de la décadence de la Maifon de
Charlemagne , & par quelles voyes
celle de Hugues Capet s'eft élevée
fur les débris de l'Empire d'Occi-
dent ? Pour quoi les Fondateurs
des deux premieres Races de nos
Rois , après avoir fait de fi grands
exploits , n'ont eu pour fucceffeurs
que des Princes , qui laiffant tom-
ber de leurs mains affoiblies par la
molleffe leurs fceptres trop péfans ,
ont donné lieu à l'élevation de la
troifiéme Race ? Par quelle conduite une longue fuite de Princes

illuftres de cette troifiéme Race,
a confervé fans interruption un
Royaume, qui depuis fept cent
foixante-fept ans, a toujours aug-
menté, & eft parvenu à ce dégré
de puiffance où nous le voyons aujourd'hui? Pourquoi au contraire
l'Empire fondé en Allemagne par
les defcendans de Charlemagne,
déchiré par une épouvantable anar-
chie, & par le changement perpé-
tuel d'Empereurs de differentes
Maifons, n'a depuis ce temps-là
ceffé de lutter contre fes indociles
Vaffaux & contre les Papes, & a
eu bien de la peine depuis 250 ans
à prendre une confiftance raifon-
nable fous la Maifon d'Autriche?

Que ne nous inftruifiez-vous de
quelle façon l'on faifoit la guerre?
& fans aller chercher l'origine peu
intéreffante des fiefs, que ne nous
faifiez vous fentir les inconvéniens
du gouvernement féodal, qui a

cessé par l'attention continuelle de nos Rois à réunir à leur Domaine les fiefs usurpés par les Seigneurs ? chose à laquelle les Empereurs n'ont jamais pû parvenir. Vous pouviez comparer la modicité de notre Commerce d'alors avec la grandeur & l'étendue de celui d'aujourd'hui, & nous faire connoître pourquoi il nous est plus avantageux, vû les changemens arrivés dans l'Etat, que la Justice soit administrée par des Parlemens & des Justices y ressortissantes, que par des Baillifs & Sénéchaux ignorans & dépendans de Seigneurs qui vendoient la Justice ou la faisoient mal administrer ? On auroit encore vû la Noblesse enfermée dans ses Châteaux fortifiés opprimant le Roturier & le Laboureur, lesquels, pour se soustraire à la servitude, s'associent en forme de communautés & bâtissent grand nombre

de Villes qu'ils mettent sous la pro-
tection de nos Rois.

Voilà , Monsieur , les usages intéressans pour une Nation dont il
lui faut offrir la description par un
heureux mélange des faits , sans les
absorber par des réflexions souvent
inutiles & des circonstances basses ,
telles que celle-ci que vous rapportez , que *faute de chandelle on s'é-
clairoit avec de petits morceaux de
bois sec* , & cette fête de l'Asne dont
vous nous avez donné la description. Vous en auriez pû faire autant
de chaque Nation en particulier ,
au lieu de former un assemblage
monstrueux qui embarrasse notre
esprit dans un cahos qu'il ne peut
débrouiller.

Je passerois les bornes d'une lettre , si je voulois vous faire obser-
ver toutes les défectuosités qui se
trouvent dans votre Histoire , je
vous en citerai seulement quelques-
unes ,

En nous parlant du Concile de Bafle , vous commencez par des réflexions affez déplacées touchant la fupériorité du Concile fur les Papes ; vous en mêlez d'autres fur l'Election des Empereurs , au lieu de nous donner des faits clairs & fuivis , qui nous apprennent par quels motifs , & à quelle fin il fut affemblé , quelle utilité l'Eglife en retira , & les beaux réglemens qu'il fit ; ce que vous dites n'eft que pour faire arriver des petites anecdotes jufqu'à préfent inconnues. *L'enlevement fait par les Emiffaires du Pape de la ferrure de la caffette , où l'on gardoit les Sceaux du Concile , dans le deffein de fceller un acte contraire à ce que les Peres avoient décidé*, a quelque chofe de comique , pour faire paroître l'Empereur de Conftantinople & procurer la réunion de l'Eglife Grecque avec la Latine. Vous nous rapportez avec exactitude les injures atroces que vous prétendez que les Peres du Concile & le Pape se disoient mutuellement, & vous finissez par *le discours que fit au Concile ce fameux Capitaine Hussite, Procope le Rasé, lequel à la tête de deux cent Gentils-hommes veut prouver que les Moines étoient une invention du Diable*, le tout pour placer cette Epigramme ; *qu'on lui répondit par un éclat de rire, pendant qu'on avoit répondu aux infortunés Jean Hus & Jerôme de Prague par un arrêt de mort.* Je ne sçais si de pareils traits sont de la dignité de l'Histoire. Vous auriez pû nous instruire que ce Concile par ses Ambassadeurs avoit fortement sollicité le Duc de Bourgogne à se réunir à la France ; qu'il l'avoit exhorté à se souvenir qu'il étoit Chrétien & Prince du Sang de France ; que par les maux infinis qu'il avoit causés dans le Royaume, il n'avoit que trop vengé la mort de ſon pere qui étoit le crime ſeulement de quelques domeſtiques du Duc d'Orleans, dont le Roi Charles VII. & ſes Sujets étoient innocens. Que le Cardinal de Chipre aſſiſta, de la part du Concile, en qualité de Médiateur, aux Conférences d'Arras qui produiſirent la paix entre les deux Princes, & qui empêcha le Royaume de ſuccomber ſous la domination des Anglois, & que c'eſt à ce Concile que la France a cette obligation. Vous auriez auſſi dû retrancher de cet article vos réflexions particulieres qui ne tendent qu'à donner du ridicule, & peut-être quelque choſe de plus à ce Concile, dans le temps que vous dites que, *ſi on le regarde par les régles de diſcipline qu'il donna, on y verra d'un côté des hommes très-ſages, & de l'autre une troupe de factieux.* Quand il vous plaira vous éclaircirez cette contradiction : comment des hommes peuvent-ils être en même-temps sages & déraisonnables ?

Je ne vous dirai rien sur le mélange que vous faites de l'Histoire de la Décadence de l'Empire Grec, de la Prise de Constantinople, de l'Histoire des Turcs, de Tamerlan, & de Scanderbeg ; je ne suis pas si versé que vous dans l'Histoire Greque & Ottomane, je vous dirai seulement que vous tombez dans le défaut ordinaire aux esprits trop fertiles, par une narration trop chargée. Vous me mettez hors d'haleine ; vous ne me donnez pas le temps de respirer ; vous étouffez votre matiere par des faits trop mêlés les uns dans les autres qui se brouillent dans ma cervelle par le peu d'ordre que vous y avez mis. Vos portraits ne sont finis que dans les petites choses. Vous ressemblez

à ce Sculpteur d'Horace qui n'a-
voit d'art que pour finir les ongles
& les cheveux de ses Statues. Ce
trait d'avoir donné une rue entiere
de Constantinople à un Architecte,
*dont la possession, dites-vous, est de-
meurée à sa famille*, car vous en
avez vû le Brévet Turc, n'est pas
capable de me faire connoître le
caractere de Mahomet II. mais il
sera fort bon dans les Antiquités
de cette Ville dont vous me paroif-
fez fort instruit. Peut-être en mé-
ditez-vous l'Histoire ; j'en juge par
les louanges que vous prodiguez
à cet Empereur Ottoman ; vous
n'oublierez pas sans doute ses bons
mots , & sur-tout celui que vous
nous avez conservé , par lequel,
*il menaçoit le Doge de Venise de l'en-
voyer au fond de la mer consommer
son mariage avec elle.* Les Turcs
vous sçauront assurément fort bon
gré d'avoir trouvé parmi leurs Em-

pereurs des Princes dignes de vos louanges fans mêlange de critique. Je ne blâme cependant pas celles que vous avez données à Mahomet & à fon pere Amurat, pourvû qu'elles foient vrayes ; mais nous vous fçaurons mauvais gré d'avoir dit tant de mal de vos Princes, pendant que vous en pouviez dire tant de belles chofes.

Vous triomphez, Monfieur, lorfque vous parlez des Papes ; c'eft alors que votre bîle coule avec une rapidité qui entraîne tout. Si les Proteftans d'à préfent penfoient fur le compte des Papes, comme faifoient leurs Auteurs, vous feriez leur Héros.

Cependant, s'il eft vrai que l'Hiftoire doive rapporter les bonnes actions comme les défauts des hommes dont elle parle, pourquoi affectez-vous de vous appéfantir fur les défauts, & négligez-vous de parler des bonnes actions ?

Je fçais que les Hiſtoriens du temps nous repréſentent Alexandre V I. & ſon Fils Céſar Borgia avec beaucoup de défauts ; mais deviez-vous ſalir votre Ouvrage en nous décrivant avec ſi peu de pudeur , & peut-être ſi peu de vérité, la prétendue vie ſcandaleuſe de ce Pape ? Pourquoi nous revérez-vous ces infamies hors de vraiſemblance que vous avez puiſées dans des Auteurs inconnus ou ſuſpects, lorſque les Hiſtoriens du temps, tels que Guichardin & autres que vous regardez cependant comme des Auteurs très-accrédités , n'en parlent pas ? Vous voulez prendre un air d'Auteur véridique, pour donner plus de poids aux abominations que vous avez rapportées de ce Pape , en contrediſant formellement ces mêmes Auteurs ſur ſa mort extraordinaire, que vous juſtifiez con-

tre leurs fentimens. Suivant vous,
les circonftances de cette mort dé-
crites par ces Auteurs font fauffes,
faute de preuves ; à bien plus forte
raifon les infamies que vous avez
écrites de ce Pape, fans citer perfonne, doivent être très-fufpectes.
Votre qualité de Grand Hiftorien
n'eft pas encore affez bien établie,
pour au bout de 250 ans nous faire
croire des faits jufqu'à préfent inconnus.

Il vous fied mal, Monfieur, de
ternir la réputation fi bien établie
de Louis XII. Roi de France, Prince
qui a été l'objet de l'amour de fes
Peuples. Avec quelle audace ofez-
vous dire, p. 205. *que ce qui eft
déplorable, c'eft que Louis XII. Pere
de fon Peuple, favorifoit en Italie
les barbaries du Pape, lui abandon-
noit le fang de fes victimes, & fe-
condoit toutes fes violences ?* Quels
fentimens croyez-vous que doivent

avoir les gens fenfés d'un Auteur
François, qui pour dire, à ce qu'il
croit, un bon mot, invente & dé-
bite avec tant de hardieffe une calomnie fi odieufe? Où avez-vous
vû que Louis XII. fût complice des
horreurs que vous imputez à Alexandre VI? Où avez-vous vû qu'il
fût en droit de punir les actions que
vous imputez fans doute fauffe-
ment à ce Pape? Souverain chez
lui, Alexandre VI. n'étoit compta-
ble de fes actions à perfonne? Fal-
loit-il que le Roi de France lui dé-
clarât la guerre? Il l'auroit cependant fait, fi fur les ordres exprès
de ce Prince, le Pape & Borgia
n'avoient pas reftitué aux Florentins les Places qu'ils leur avoient
envahi, comme Guichardin &
Bonnacorfi le rapportent. Quoi!
parce qu'un Prince a agi différem-
ment de votre façon de penfer,
vous vous croirez en droit non-
feulement

feulement de blâmer fes actions , mais encore de lui en imputer de fi odieufes ? Après avoir dit tant de mal d'Alexandre V I. vous cher-chez , malgré le fentiment des Auteurs du temps , à le juftifier ; d'avoir voulu faire empoifonner plufieurs Cardinaux pour s'empa-rer de leurs richeffes ; vous êtes le premier à dire, p. 209. *qu'on ne cite perfonne qui en ait fait l'aveu , & qu'il paroît bien difficile qu'on en fût informé* : Et vous , quel Auteur citez-vous au fujet de Louis X I I ? Pourquoi ne vous fervez-vous pas de ce raifonnement pour juftifier un de vos Rois ?

Vous blâmez encore ce Prince , en difant , p. 195. *qu'il eût mieux fait d'établir des impôts également répartis , que d'introduire la véna-lité honteufe des Charges dans un Pays dont il vouloit être le Pere.* Les maximes de votre politique

B

font auſſi fauſſes qu'elle eſt peu éclairée. C'eſt une queſtion qu'il ne feroit pas difficile de réſoudre , de ſcavoir ſi la Vénalité des Charges introduite ſous Louis XII. & de celles de Judicature introduite ſous ſes Succeſſeurs , étoit plus onéreuſe aux Peuples que l'augmentation des Impôts.

En attendant que nous puiſſions diſcuter cette matiere , qui feroit trop longue pour le préſent , je prends la liberté d'être d'un ſentiment tout contraire au vôtre. La Conſtitution de l'Etat étoit alors changée par l'augmentation des richeſſes des Roturiers. La tranquillité dont ce Prince faiſoit jouir ſes Sujets leur avoit procuré l'abondance & fait fleurir le Commerce juſques alors inconnu en France. Il n'y avoit dans ce temps-là que deux Corps diſtingués dans l'Etat , la Nobleſſe & le Clergé ; il paroiſ foit donc de la faine politique de donner aux autres Citoyens, pour exciter leur émulation, des diftinctions & des honneurs, en les admettant à des Charges, dont la finance procuroit fans véxation des fecours utiles au Roi, indépendamment de ce que la Juftice étoit mieux adminiftrée par des Officiers dont les Charges répondoient de leur conduite. Il paroît bien que vous avez mal étudié les ufages du Royaume. A qui donnoit - on les Offices de Magiftratüre ? à des perfonnes qui par leur mérite, leur fcience, même par des fervices rendus au Roi, & plus fouvent à des Seigneurs particuliers, paroiffoient les avoir mérités. Très-fouvent auffi la recommandation y avoit plus de part que le mérite. Comme c'étoit des récompenfes données à des perfonnes peu riches & de bas état, ils en tiroient le plus

B ij

d'émolument qu'ils pouvoient. De-
là ces plaintes continuelles fur la
mauvaife adminiftration de la Juftice ; de-là ces grands Jours & ces
Magiftrats députés dans les Provinces pour la réforme & la puni-
tion des abus. Mais aujourd'hui
avez-vous rien de plus refpectable
que vos Parlemens : remplis de perfonnes éclairées , fages , riches ,
qui fe trouvant honorées de ce que
le Souverain a bien voulu leur con-
fier une portion de fon autorité ,
n'attendent d'autre récompenfe de
l'adminiftration de la Juftice, que
la gloire de l'avoir rendue avec
équité , & veillent à la conduite
des Juftices fubalternes fans aucun
émolument ? Il eft cependant vrai
que vous dites du bien de ce Prince,
euffiez - vous pû faire autrement ,
fans vous expofer aux plus grands
reproches ? mais vous deshonorez
ces louanges par une fatyre trop
outrée.

Je ne vous dirai rien des autres Etats de l'Europe, dont l'Histoire est rapportée dans le surplus de votre troisiéme Volume ; il y a de bonnes choses, bien écrites & d'un beau style, mais vous interrompez à chaque instant le fil de votre narration. Votre Histoire est un tableau changeant dont la représentation passe avec trop de rapidité. Vos faits sont noyez dans un torrent de réflexions & de circonstances inutiles qui troublent la neteté qui devroit être dans votre Ouvrage.

Tout le monde doit être surpris que vous qui êtes né François, ayez répandu toute la malignité de votre bîle sur vos Princes, pendant que vous affectez de parler modérement de quelqu'autres qui méritoient peut-être une plus austere critique. Le morceau de votre Ouvrage qui m'a le plus choqué, est votre Hiſtoire de Louis XI. côntre lequel vous avez épuiſé toute votre mauvaiſe humeur , ſans vous être attaché à nous faire connoître ſes grandes qualités. Sa vie eſt un point d'Hiſtoire très - intéreſſant pour la Nation ; j'ai crû devoir prendre ſa défenſe , & juſtifier ſa mémoire contre les calomnies dont vous l'avez noirci , ſans aucun menagement pour la Majeſté Royale.

Quoique je n'aye ni le talent , ni le mérite néceſſaire pour écrire l'Hiſtoire , je tâcherai de m'exprimer décemment , ſans bleſſer perſonne , & j'écarterai tout ce qui ſera inutile. A l'égard du ſtyle , je vous l'abandonne ; je ne me pique pas d'écrire , je n'ai jamais rien mis au jour ; pourvû que je parle vrai , & que je ſois intelligible , je ſuis content. Je vais donc vous crayonner le portrait de ce Prince d'après les Auteurs contemporains qui n'ont fouffert aucune contradiction , & non pas d'après ces croniques odieufes de vils Ecrivains , qui ne méritent aucune croyance , & que vous avez fi fervilement & fi malignement copiés. Je ne prétens cependant pas le difculper de toutes les fautes qu'il a faites ; en qualité d'homme il avoit fes défauts , mais ils étoient bien éloignés de ceux que vous lui avez impuré.

Louis XI. étoit né avec toutes les qualités néceffaires à un grand Prince. Il avoit l'efprit grand , pénétrant , étendu , fécond en vûes & en expédiens , & il auroit mérité d'être mis au rang de nos plus grands Rois, s'il n'avoit eu fes défauts.

Son adolefcence fut affez tumultueufe ; environné de jeunes gens de fon âge qui l'excitoient à demander au Roi fon Pere quelque

part dans l'adminiſtration des affaires, entraîné par ſon peu d'expérience, il ſe livra aux Ducs d'Alençon & de Bourbon, qui exciterent
ſous ſon nom un parti qui fut nommé la Praguerie. Le Roi le remit
bien-tôt dans ſon devoir, & lui
pardonna. Quelque temps après il
lui confia l'adminiſtration du Dauphiné, qu'il gouverna pendant 15
ans aſſez ſagement, quoiqu'avec
un peu de hauteur, & en jeune
homme qui au ſortir des liens de
l'éducation, abuſe d'une liberté
qu'il ne connoît pas encore.

La proximité du Duc de Savoye
lui fit commettre une autre faute.
Il épouſa Charlotte de Savoye ſans
le conſentement de ſon Pere. L'Hiſtoire ne nous marque pas que le
Roi en eût marqué un trop vif
reſſentiment, au contraire nous
voyons qu'il ratifia ce mariage.

Louis demeura en Dauphiné

juſqu'en l'année 1456. que ſon Pere l'ayant voulu faire revenir à la Cour, il refuſa de lui obéir, ſous prétexte qu'il y avoit dans le Conſeil du Roi des gens qui abuſoient de ſa confiance, & il ſe retira chez le Duc de Bourgogne. Il croyoit avoir ſujet de ſe plaindre des Miniſtres du Roi ſon Pere. Il lui avoit même porté des plaintes très-fortes contre l'Amiral de Brezé, Miniſtre & Favori de Charles VII. mais ce Seigneur s'étoit juſtifié, & ſon Maître lui avoit continué ſa confiance. Le Dauphin avoit ſans doute grand tort; en effet, convient-il à un jeune Prince ſans expérience de vouloit gouverner à ſon gré & compoſer à ſa fantaiſie le Conſeil de ſon Pere.

Il y a bien de la différence entre faire connoître les fautes d'un Prince, comme cela ſe doit, & comme la vérité de l'Hiſtoire le de-

mande, ou faire contre lui des fa-
tyres indécentes.

Je crois cependant que, fans
faire un jugement trop téméraire,
on pourroit accufer Brezé, & les
autres Confeillers de Charles VII.
d'avoir, par efprit de vengeance,
car tous les hommes y font fujets,
aigri l'efprit du Pere, & contribué
à l'éloignement du Fils, dont ils
fçavoient n'être pas aimés ; d'avoir
donné de malignes interprétations
& exageré fes traits de jeuneffe dans
la crainte de fe voir éloignés des
affaires par ce jeune Prince. Si nous
étions bien inftruits des intrigues
de cette Cour, car nous fçavons
qu'elle a été fort orageufe, nous
diminuerions beaucoup l'objet de
la faute que fit le Dauphin de s'être
retiré de la Cour fans le confente-
ment de fon Pere ; mais au furplus
il ne fit aucune révolte dans l'Etat,
& n'entreprit rien contre fon devoir.

Tout le monde sçait que Charles VII. dans la crainte qu'on ne l'empoisonnât s'obstina à ne point manger, & trouva la mort dans la précaution qu'il voulut y apporter. Vous accusez hardiment son Fils d'en être la cause, en disant, pag. 114. *que la seule crainte dans un Pere d'être empoisonné par son Fils, prouve trop que le Fils pouvoit être capable de ce crime.*

Que vous êtes inconséquent ! Ignorez-vous l'axiome qui dit que qui prouve trop ne prouve rien ? Ce que vous avancez prouve suffisamment que pour avoir le cruel plaisir de débiter une Satyre, vous ne vous êtes pas donné la peine d'examiner avec assez d'attention l'état de la Cour de Charles VII. Si vous l'aviez fait, vous auriez connu que cette triste catastrophe fût l'effet de la malignité des Courtisans & de la foiblesse du Roi.

En effet, ne peut-on pas penser
que ceux qui avoient le plus de part
aux affaires, craignans d'en être
éloignés, si le Dauphin revenoit à
la Cour, & trouvoit le moyen de
gagner la confiance de son Pere,
ils ne lui ayent peint ce jeune Prince
avec des couleurs si noires qu'ils
ayent tout-à-fait aliené l'esprit de
son Pere contre lui. La vieillesse est
un âge où les soupçons germent
dans le cœur des hommes d'une
maniere plus forte que dans un autre. Après avoir exageré les défauts
du Fils, on fait craindre au Pere de
plus grands attentats, il se livre à
la défiance ; n'ayant pas assez de
force d'esprit pour mépriser les ter-
reurs paniques qu'on lui inspire,
il s'abandonne sans réflexion & sans
réserve à son chagrin, prend pour
des réalités ce qui n'étoit que des
chimeres, & se laisse mourir de
faim de peur d'être empoisonné.

Tel fut le caractere de Charles
VII. né avec affez d'efprit ; il étoit
cependant peu appliqué aux affaires ; il fut toujours gouverné par
des Favoris ; & ceux qui fur la fin
de fes jours tenoient le timon des
affaires , n'appréhendoient rien tant
que de fe le voir ôter par un Prince ,
qui fuivant le caractere de la jeuneffe , devoit peu s'accommoder
de vieux Favoris. Ainfi , fans accufer Louis XI. comme vous faites ,
de la mort de fon Pere , attribuez-
la plûtôt au malheur qu'il eut ,
d'être brouillé avec lui par l'inf-
tigation de fes Favoris & à la foi-
bleffe de Charles VII. & au lieu de
blâmer , plaignez les Princes en-
gagés dans des circonftances mal-
heureufes qui produifent fans leur
participation de fi triftes effets.

Mais voyons la conduite de
Louis XI. fur le Trône ? peut-être
trouverons-nous la caufe de toutes

les horribles méchancetés que la
calomnie a débitées contre lui, &
sur lesquelles vous avez encore encheri ?

A son avenement à la Couronne,
persuadé que la désunion avoit été
fomentée par les Officiers de son
Pere, *il les désappointa tous de leurs
Etats*, pour me servir des termes
du temps. Je conviens qu'il fit une
très-grande faute, pour n'avoir pû
résister au plaisir de la vengeance.
Il ne sçavoit pas encore cette belle
maxime de Louis XII. son succes-
seur, *qu'il ne convenoit pas au Roi
de France de venger les querelles du
Duc d'Orleans* ; il ne sçavoit pas
qu'on peut allier à beaucoup de
vertus & de mérite beaucoup d'ambition, & que les Rois en mode-
rant l'ambition de leurs Ministres,
peuvent tirer de grands services de
leurs autres belles qualités. Aussi
en fut-il bien puni. Ils lui suscite-

rent la guerre du bien public qui
pensa lui coûter la Couronne.

Louis reconnut bien-tôt sa faute;
& par le conseil de son ami le Duc
de Milan , il trouva le moyen de
désunir tous ces Confederés , &
rassura sa Couronne chancelante.

C'est avec bien peu de jugement
que vous avancez que *jusques dans
son habileté ce Prince eut encore de
la foiblesse.* Je vous soutiens que le
Traité qu'il fit en cette occasion est
une des belles actions de sa vie.
Quoi de plus grand dans un Prince
entouré de Courtisans flateurs ,
continuellement attentifs à encen-
ser ses actions, que de sçavoir démêler la vérité à travers de leurs
louanges , de reconnoître qu'il a
fait une faute, de la réparer, &
en la réparant d'éviter une guerre
civile ?

Mais que pouvoit penser ce
Prince de tous ces Seigneurs ligués

contre lui, aufquels vous ne donnez des louanges que pour faire un
contrafte, & rendre plus fortes &
plus naturelles vos invectives ?
Sous prétexte du bien public & de
la réforme de l'Etat, car tel a toujours été le prétexte de ceux qui fe
font révoltés contre leurs Princes,
ils prennent les armes, affiégent
Louis XI. jufques dans fa Capitale;
s'ils euffent gagné la bataille de
Montlhery, ils le détrônoient. Mais
il ne perd pas courage, il les défu-
nit, il les accable de dons ; ils fe
féparent, & cette guerre du bien
public fe convertit en bien particulier pour eux.

Croyez-vous, Monfieur, que
Louis XI. dût avoir beaucoup de
confidération & d'eftime pour ces
Seigneurs ? Penfez-vous qu'il dût
être blâmé, s'il avoit confervé quelque reffentiment contre eux ? Je
veux qu'ils ayent eu fujet de fe

plaindre, qu'au lieu d'être récompenfés, comme ils prétendoient le mériter, ils ayent été *défappointés*. Eft-ce les armes à la main que l'on fait connoître à fon Prince les fujets de mécontentement ? N'auroit-on pas eu une plus haute idée des vertus que vous louez dans ces Seigneurs, s'ils euffent été obéiffans à leur Roi, s'ils fe fuffent retirés chez eux après avoir été *défappointés*, pour attendre le moment de faire connoître leur innocence ? Combien de Sujets en pareil cas ont agi autrement & s'en font bien trouvés ? Examinez fans paffion la conduite de Louis XI. avec eux. Après avoir terminé cette guerre, loin de chercher à les punir, connoiffant le mérite de la plus part d'entr'eux, & les fervices qu'ils avoient rendus à fon Pere & à l'Etat, il fit tous fes efforts, il n'épargna ni dons ni emplois pour fe les attacher, comme il fit de prefque tous ; mais malheur à ceux qui, après avoir épuifé fes bontés, oferent le tromper & cabaler contre lui. Philippes de Comines dit, *qu'il étoit Prince avec lequel il falloit charier droit.* Il y en eut plufieurs qu'il fut obligé de punir, peut-être un peu féverement ; mais s'il n'avoit pas donné plufieurs exemples de Juftice, il fe feroit vû par l'impunité expofé à des révoltes & des embarras dont il auroit eu peine à fe démêler.

Je ne vois pas que les Hiftoriens judicieux & impartiaux ayent blâmé ce Prince d'avoir fait punir le Connétable de Saint Pol, auquel pour prix de fa premiere révolte il avoit donné l'épée de Connétable. Devoit-il pardonner au Comte d'Alençon, au Comte d'Armagnac & à plufieurs autres ? Perfonne n'a reclamé contre les actes de Juftice qu'il en a fait faire. Devoit-il pardonner à ce Cardinal de la Balue qui le trahissoit si hautement, après l'avoir tiré de la poussiere & l'avoir élevé au comble d'une grandeur dont son cœur bas & lâche étoit indigne ? Pour vous faire voir avec quelle bonté il traitoit ceux qui lui étoient attachés, & en particulier cet homme, je ne veux que vous rapporter une lettre de ce Prince au Seigneur de Bressiure, Commandant en Guyenne, laquelle nous a été conservée par Brantome son parent, & trouvée dans le tréfor de leur maison.

LETTRE.

M. de Bressiure, mon Ami,

" Je crois que vous sçavez assez
" que depuis naguere le Pape à ma
" requête a pourvû M. d'Evreux

« de l'Abbaye de Bourgueil , &
« par ce que j'ai entendu que vous
« êtes Curateur du feu Evêque de
« Malaiſé qui tenoit ladite Abbaye,
« & qu'à cauſe d'icelle , il y a plu-
« ſieurs biens qui dûement appar-
« tiennent à mondit Sr d'Evreux ,
« je vous prie de tenir la main à
« ce que le tout ſoit rendu, car il
« eſt bon diable d'Evêque pour à
« cette heure , je ne ſçais ce qu'il
« ſera à l'avenir, il eſt continuelle-
« ment occupé à mon ſervice. Je
« vous en prie , M. de Breſſiure ,
« mon Ami , qu'il n'y ait faute. „

*Ecrite à Compiegne , le huitiéme
jour d'Août.* Signé, L O Y S. *Et plus
bas ,* M E R L I N.

Cela s'appelle une aſſez chaude
récommandation. L'on voit par
cette Lettre comment ce Prince
affectionnoit ceux qu'il croyoit lui

être attachés , & comment il les récompenſoit ; il lui procura depuis le Cardinalat , mais auſſi il le punit bien rigoureuſement , lorſqu'il l'eût trompé , & il fit bien.

Ce ſont pourtant toutes ces punitions qui , quoique juſtes , ont attiré contre ſa mémoire les horribles invectives que nous ont débité des Auteurs obſcurs & inconnus qui ont été copiés ſans aucun diſcernement par ceux qui les ont ſuivis. Je ne ſuis pas ſurpris que le grand nombre de perſonnes qui tenoient à ceux que ce Prince a fait punir & ſur-tout aux Grands , ayent exhalé leur haine impuiſſante par des calomnies.

Pendant que vous traitez ſi indignement un de vos Rois , vous excuſez Alexandre VI. dont l'Hiſtoire parle fort mal. Vous dites , p. 177. *que la haine qu'on portoit à ce Pontife lui imputa tous les crimes qu'il pouvoit commettre.* Vous tombez dans le défaut que vous reprochez aux autres. Vous auriez dû avec plus de juſtice & de raiſon appliquer cette maxime à Louis XI. ſi vous n'aviez pas préferé le plaiſir de débiter des ſatyres à celui de vous inſtruire parfaitement des faits.

Puiſque vous vouliez nous donner l'Hiſtoire de ce Prince, que ne preniez vous Philippes de Comines pour modéle ? Voyez avec quelle ſageſſe il a écrit l'Hiſtoire de Louis X I. & celle de ſon Succeſſeur ? Il en parle avec la plus grande décence ; toutes ſes réflexions ſont grandes , ſages, ſenſées , il n'y en a aucune hors de propos. Il dit , mais très - légerement , qu'il avoit ſujet de ſe plaindre de Madame la Régente , Sœur de Charles V I I I. elle le tint aſſez long-temps en priſon pour avoir été dans les intérêts

du Duc d'Orleans ; il n'en dit cependant point de mal , non plus
que de Louis XII. dont il croit être
mécontent. Voici seulement ce
qu'il dit, Liv. 8. Ch. 2. *J'allai vers
ce Roi nouveau* , Louis X I I. *de qui
j'avois été aussi privé que nulle autre
personne , & pour lui avoye été en
tous mes troubles & pertes , toutefois pour l'heure ne lui en souvint
point fort.* Il sçavoit que les Princes
doivent être respectés dans l'Histoire. Pour vous , vous pensez autrement ; vous êtes du caractere
de ces Critiques , qui croyent que
l'on acquiert la qualité de grand &
véridique Historien , lorsqu'on dit
beaucoup de mal de ceux dont on
rapporte les actions , ne sçachant
pas que la beauté de l'Histoire con-
siste plûtôt à écrire sans fard & sans
affectation des faits vrais & intéressans, que de tirer de la poussiere
des faits douteux & inutiles.

Vous nous débitez, Monſieur, avec trop de hardieſſe vos idées fauſſes & chimériques ſur la mort du Duc de Berry, Frere de Louis XI.

Les circonſtances de ce fait que vous avez copiées dans des Auteurs indignes de croyance, & que vous n'oſez nommer, ſont les ſuites de la haine que Louis XI. s'étoit attirée pour avoir fait punir des gens qui ne le méritoient que trop. Il avoit de grands ſujets de ſe plaindre de ſon Frere ; il avoit ſervi de fantôme dans la guerre du bien public ; il avoit encore cabalé depuis avec les Ducs de Bretagne & de Bourgogne ; enfin les Hiſtoriens même du temps font de lui un portrait aſſez équivoque ; il meurt en peu de temps dans une Province éloignée : en voilà aſſez, non-ſeulement pour ſoupçonner Louis XI, mais pour l'accuſer formellement,

comme

comme vous avez fait de l'avoir
fait empoifonner. Monfieur le Pré-
fident Henault, dans ce chef d'œuvre qu'il nous a donné fur l'Hiftoire
de France , qui fait connoître la
beauté de fon génie & fa profonde
érudition , dit fimplement que
Louis XI. fut foupçonné , mais le
foupçon ne fait pas la conviction.
Je ne penfe pas qu'aucun Auteur
ait pofitivement accufé Louis XI.
de ce fait avant Brantome , qui
rapporte, *qu'il y a 50 ans , lui étant*
fort petit , paffant par Clery pour
aller étudier à Paris, il ouit faire ce
comte à un Chanoine de-là , qui avoit
près de 80 ans. Ce Chanoine difoit le
tenir d'un fou qui avoit entendu
Louis XI. priant dans l'Eglife de Clery
devant l'Image de la Vierge , la con-
jura de lui obtenir le pardon du pé-
ché qu'il avoit commis en faifant
empoifonner fon Frere. Ce font les
paroles de Brantome qui a été fuivi
par Varillas, Auteur très-peu sûr,
& que l'on a blâmé d'avoir encore

encheri fur Brantome, en difant, *que cela fût entendu par ce fou, lorf-que le Roi s'en coufeffoit dans l'Eglife de Clery.* Apparamment que ce Prince prioit Dieu, & fe confeffoit tout haut, je n'en crois rien. Mais en tout cas voilà un fait bien averé, qui n'a d'autre fondement que la rélation d'un fou ; & c'eft d'après cet illuftre Auteur que tous ceux qui ont écrit jufqu'à vous, & que vous avez copié, ont avancé ce fait fi important. Bouchet, Auteur plus ancien que Brantome, parle bien plus pofitivement dans fes Annales d'Aquitaine. Après avoîr rapporté les circonftances de la mort du Duc de Berry, il dit, *lef-quelles chofes ont donné groffe occa-fion de penfer que ledit Roi Loys étoit coupable dudit empoifonnement, dont toutefois rien n'a été écrit par les Croniqueurs, & quant à moi je ne le puis croire.* * Philippes de Comines,

* Dans le temps de ce fâcheux événement, le Duc de Bourgogne, ennemi irréconciliable

qui a écrit depuis la mort de Louis XI. ne dit pas un mot de ces prétendus soupcons. Les hommes toujours injustes réglent les sentimens des autres sur les leurs propres. Louis XI. étoit mécontent, il devoit profiter de la mort de son Frere, c'en est assez pour l'accuser d'en être coupable ; & vous, né Francois, vous admettez avec confiance de pareils faits. C'est une pêche, dites-vous, d'une grosseur singuliere qui empoisonne en même-temps deux personnes. Il falloit que le poison fût bien violent, & en même-temps bien caché & introduit avec beaucoup d'industrie dans ce fruit, sans qu'aucun des Conviés y prit garde, pour produire sur le

du Roi, lui faisoit la guerre à outrance, ayant pris d'assaut la Ville de Nesle en Picardie, ce Duc fit pendre le Gouverneur avec une partie de la Garnison, & couper le poing aux autres, prenant pour prétexte de cette cruauté la mort du Duc de Berry, dont il accusoit Louis XI. De pareils traits répandus par un Prince, n'autorisent que trop parmi le peuple ignorant & crédule, les faux bruits qu'il fait courir.

champ un fi fâcheux évenement.
Croyez-moi, les hommes de ce
temps-là étoient trop ignorans ;
La Chimie tout au plus, qui auroit
pû produire un pareil poifon, étoit
alors inconnue. Et pourquoi la maladie prompte dont ce Prince dé-
ceda, ne pouvoit-elle pas être at-
tribuée à la mauvaife qualité de ce
fruit extraordinaire, qui eft un poifon dans les Pays chauds, à une in-
continence de bouche, ou à une
indigeftion ? Pourquoi le poifon
donné en même-temps à la Dame
de Monforeau, enleve-t-il cette
Dame à l'inftant, à ce que l'on dit,
& n'agit qu'au bout de trois jours
fur le Duc, lequel d'ailleurs étoit
malade depuis quelque temps,
comme plufieurs Hiftoriens nous
l'apprennent? Non, les Princes ne
doivent pas mourir comme les autres hommes, fujets cependant aux
mêmes infirmités, lorfqu'une mort
prématurée les enleve, on en veut
trouver des caufes extraordinaires,

on en accuse ceux qui en peuvent
profiter. Combien l'Histoire nous
fournit-elle de ces traits aussi faux
les uns que les autres ? Vous même
nous en rapportez plusieurs , &
vous faites cette réflexion. qui est
très-juste , p. 293. de vos Annales
de l'Empire , que *dans ce temps-là il
falloit qu'un Prince mourut de vieillesse, pour qu'on n'imputât pas sa mort
au poison.* Cette pensée devoit bien
vous servir à justifier Louis XI.

Vous blâmez encore , Mon-
sieur , la conduite de ce Prince
avec Edouard IV. Roi d'Angleterre, qu'il renvoya dans son Isle
d'une façon assez singuliere. Quand
un Historien , comme vous , veut
se donner les airs de critiquer les
actions des Princes , & leur prêter
ses façons de penser, il doit avoir
moins superficiellement étudié
l'Histoire que vous n'avez fait.
Quoique vous ayez commenté des
Traités de Politique , vous en rai-
sonnez en homme qui ne connoît

pas cette sage Politique, dont le but est de rendre les Peuples heureux, & d'éloigner la guerre de chez eux. Vous auriez sans doute pensé tout autrement, si vous vous étiez donné la peine de lire ce trait d'Histoire.

Le Duc de Bourgogne, le Duc de Bretagne, & le Connétable de Saint Pol, jaloux de la prospérité de Louis, dont ils craignoient la puissance, firent une ligue avec Edouard pour l'engager à faire une descente en France. Le premier lui promit de le joindre avec son armée, & le Connétable de lui livrer S. Quentin, Place forte alors, dont il étoit Gouverneur. Louis qui connoissoit mieux que vous la situation de ses affaires, sçavoit bien qu'il y avoit dans le Royaume nombre de Seigneurs mécontens, dont il avoit réprimé les véxations. Il appréhendoit avec raison qu'ils ne se joignissent à ses ennemis. Son Etat n'étoit pas encore bien rétabli des violentes secousses qu'il avoit souffertes pendant près de cent ans de guerres à diverses reprises. Le bon ordre qu'il avoit rétabli dans le Royaume commencoit à faire réfleurir l'Agriculture & le Commerce ; vouliez-vous qu'il exposât ses Sujets aux malheurs d'une nouvelle guerre ? Si le Duc de Bourgogne & le Connétable se fussent joints à Edouard , leur puissance eût été trop formidable pour la France.

Louis en faisant la paix agit en Prince très-sage. Il ne lui en coûta qu'une somme de cinquante mil écus d'or, une pension à Edouard & d'autres pensions aux Seigneurs Anglois , qu'il ne paya pas long-temps, avec trois cens chariots de vin. Voyez comme vous êtes inconséquent, p. 119 ? Vous blâmez sans restriction cette Paix, & dans votre Préface , p. 19. vous aviez pressenti la réflexion que je viens de faire, en disant, *que Louis acheta la Paix, & que cette conduite vous paroît peu glorieuse, mais qu'elle paroîtra politique à un homme qui considerera que le Duc de Bourgogne pouvoit prendre le parti du Roi d'An-gleterre contre la France.* Vous n'auriez pas ainsi parlé, si vous aviez sçû, comme je le viens de dire, que c'étoit le Duc de Bourgogne & le Connétable qui avoient sus-cité cette guerre à Louis, & vous n'auriez pas avancé mal à propos, p. 119. *qu'il eût été plus digne d'un Roi de France d'employer, à se mettre en état de résister & de vaincre, l'argent qu'il mit à séduire celui qu'il craignoit, & ne devoit pas craindre.* Vous êtes cependant convenu que ce Prince, que vous accusez ici de crainte, avoit du courage. Vous deviez donc bien penser que puis-qu'il aimoit mieux faire une bonne paix que de se servir de son courage pour la guerre, il avoit de fortes raisons pour préferer l'une à l'autre. Mais, en votre qualité de Poëte,

accoutumé à chanter ces Héros &
ces Conquerans, qui mettent toute
leur gloire dans la deſtruction des
hommes, vous ne voulez pas connoître ici d'autres vertus. Vous fei-
gnez d'ignorer la ſatisfaction que
goûte un Prince moderé, qui met
toute ſa gloire à faire jouir ſes Su_
jets d'une heureuſe paix, & qui
partage avec eux leur félicité. Vous
en avez un bel exemple dans notre
Auguſte Monarque. Il nous a bien
fait connoître qu'il étoit perſuadé
que la qualité de Prince pacifique
étoit préferable à celle de Conque-
rant, quoiqu'il ait fait connoître
à toute l'Europe qu'il n'appréhendoit pas la guerre.

Après avoir exageré avec la der_
niere indécence les défauts de
Louis XI. vous paſſez légerement
ſur ſes bonnes qualités ; vous dites
ſimplement, *qu'il avoit du courage,
qu'il ſçavoit donner en Roi, qu'il
connoiſſoit les hommes & les affaires,
& vouloit que la juſtice fût rendue ;*

C v

[58]

& comme fi vous vous répentiez de lui avoir donné cette courte louange, vous finiſſez par ce trait de fatyre, page 123. *qu'il vouloit qu'au moins lui ſeul pût être injuſte.* Pour parler de cette façon, vous avez ſans doute fouillé dans les plus ſécrets replis du cœur de ce Prince. Vous avez ſon Hiſtoire compoſée par quelque Confident, dans le ſein duquel il verſoit ſes plus intimes ſentimens, & ſes penſées les plus cachées. Non, vous reſſemblez à l'Hiſtorien Tacite, dont le cœur méchant prête ſes façons de penſer aux Princes dont il écrit l'Hiſtoire ; il nous donne pour motifs de leurs actions, bonnes ou mauvaiſes, les idées qu'il a puiſées dans ſon génie critique & mordant.

Pour toutes belles actions, vous accordez à Louis XI. *d'avoir re-peuplé Paris détruit par la peſte, d'avoir établi l'uſage des Poſtes ; vous dites qu'il introduiſit la méthode ita-*

lienne de sonner la cloche à midy ,
& qu'il obtint du Pape la permission
de porter le surplis & l'aumusse. En
vérité , pouviez-vous , dans un
Ouvrage aussi sérieux , rapporter
de pareilles petitesses ? N'aviez-
vous rien de plus grand à nous apprendre de lui ? Il est aisé d'appercevoir avec quelle négligence ou
quelle prévention vous avez étudié
son Histoire.

Vous lui reprochez *qu'il n'eût*
pour Confidens & pour Ministres que
des hommes nés dans la fange, &
dont le cœur étoit au-dessous de leur
état. A votre avis , Philippes de
Comines , l'Amiral de Brezé , le
Comte du Mans , le Comte de
Chabannes , le Seigneur du Bou-
chage , Guy Pot Bailly de Ver-
mandois, le Seigneur des Guer-
des , & autres , qu'il recommande
en mourant à son Fils , en disant
avoir éprouvé depuis long-temps
leur droiture & leur habileté ,
étoient-ils des *gens nés dans la*

fange ? Vous l'avez loué de connoître les hommes, c'eſt parce
qu'il les connoiſſoit qu'il élevoit
volontiers *de moyennes gens ;* ainſi
qu'on parloit, quand il leur connoiſſoit cet eſprit & ce mérite particulier propre pour les affaires,
qui ſe trouvoit plus ordinairement
dans les gens du tiers Etat. L'igno-
rance dans laquelle vivoit notre
Nobleſſe, qui ne ſçavoit ſouvent
pas lire, uniquement occupée du
métier de la Guerre, obligeoit ce
Prince de chercher dans l'Etat in-
férieur ceux qui ſe diſtinguoient. Il
eſt cependant inconteſtable que les
Commandemens des Armées, les
Gouvernemens des Provinces, &
les grandes Charges de la Cour,
étoient le partage des perſonnes de
qualité ; mais pour les Négocia-
tions ſécretes & importantes, il ſe
ſervoit ordinairement de gens peu
conſidérables par leur naiſſance ;
en un mot, il cherchoit avec attention dans tous les Etats ceux qui

pouvoient lui être utiles , & n'épar-
gnoit rien pour se les attacher.

Pouvez-vous , sans honte , avan-
cer , p. 120. *que les Croniques du
temps comptent quatre mil Sujets
exécutés sous son Régne en public ou
en sécret ?* Vous en avez sans doute
vû la liste détaillée dans vos Croniques , avec leurs noms , surnoms
& leurs extraits mortuaires ; que
ne citez-vous donc ces Croniques ?
quand on avance de pareilles choses , on doit être bien sûr de son
fait , sous peine de passer pour un
calomniateur ; ou tout au moins
je suis en droit de vous condamner
par vos propres paroles. Vous avez
dit , page 281. de vos Annales de
l'Empire , *que de pareils traits apprennent à se défier des Historiens ,
qui érigent leurs propres idées en monumens publics ;* & c'est ce que nous
faisons à votre égard.

Nous connoissons toutes les personnes de marque qui ont été pu-
nies sous le Regne de ce Prince ,

& nous ne voyons pas qu'aucun homme un peu diſtingué diſparu de ſon temps, ait donné lieu de penſer qu'il eût été exécuté en ſécret. A l'égard des gens inconnus & du bas Etat, je ne vois pas à quel propos un ſi grand nombre auroit mérité la colere de ce Prince. Il n'y a eu, à ce que je crois, d'autre exécution conſidérable ſous ſon Regne que celle dont il parle dans une de ſes lettres au Seigneur de Breſſiure, en ces termes. *Ceux dudit Arras étoient aſſemblés bien 22 ou 23 pour aller en Ambaſſade devers Mademoiſelle de Bourgogne, ils ont été pris, & les inſtructions qu'ils portoient, & ont eu les têtes tranchées, car ils m'avoient fait une fois le ſerment ; il y en avoit un entre les autres, Maître Oudard de Buſſy, à qui j'avois donné une Seigneurie en Parlement ; & afin qu'on connût bien ſa tête, je l'ai fait atourner d'un beau chaperon fouré, & eſt ſur le Marché de Heſdin là où il préſide.* Vous compofez fans doute ce nombre de 4000 perfonnes de tous les criminels punis par les Juftices du Royaume ; & quand vous auriez vû tous leurs procès , vous n'en trouveriez sûrement pas le quart. Je ne doute cependant pas qu'il n'y en ait eu beaucoup ; c'eft le fort ordinaire de ces Soldats accoutumés aux vols & aux pillages pendant la Guerre, lorfqu'ils veulent les continuer dans la Paix , fur-tout fous un Roi, qui, comme vous en convenez , vouloit que la Juftice fût exactement adminiftrée. Il étoit régulierement inftruit de tout ce qui fe paffoit dans fon Royaume , & faifoit rigoureufement punir tous les malfaiteurs. Je veux vous en donner la preuve par deux autres Lettres de lui qui nous ont été confervées.

LETTRE.

M. de Breſſiure ,

" J'ai été averti que M. de Saint
" Lou eſt allé devers vous, & m'é-
" bahis que ne l'avez pris , vû la
" grande trahiſon & mauvaiſtié
" qu'il a fait à l'encontre de moi ;
" & pour ce , ſi vous voulez que
" jamais j'aye fiance en vous, s'il
" eſt en lieu où vous le puiſſiez re-
" couvrer , faites-le prendre incon-
" tinent , car ce m'eſt choſe fort à
" cœur.

Ecrite au Pleſſis du Parc , ce 16
Janvier. Signé , L O Y S. *Et plus
bas ,* DE CHAUMONT.

AUTRE LETTRE.

M. de Breſſiure ,

" J'ai recû les Lettres que m'é-
" crivez, qui font mention d'un
" nommé Huiſſon, que vous dites
" qu'a fait pluſieurs maux à une
" Commiſſion qu'il dit avoir eu de
" moi ; & pour ce , je veux ſcavoir
" qui eſt cet Huiſſon , & les abus
" qu'il a fait touchant cette Com-
" miſſion. Je vous prie qu'incon-
" tinent ces Lettres vûes , vous
" l'envoyez ſi ſûrement accompa-
" gné qu'il ne s'échappe point, en-
" ſemble les informations qui ont
" été faites à l'encontre de lui, &
" qu'il n'y ait point de faute ; & me
" faites ſoudain ſcavoir de vos nou-
" velles, pour faire les préparatifs
" des nôces du Galland avec une
" potence.

*Ecrite à la hâte du Pleſſis du Parc,
le* 30 *Juin.* Signé , L O Y S. *Et plus
bas ,* J E S M E.

[66]

Il est aisé de voir par ces Lettres, qu'il ne faisoit pas punir les gens sans forme de procès & sans raison, comme vous l'en accusez Parce que l'on a conservé la cage de fer, dans laquelle il fit enfermer ce Cardinal de la Ballue, qu'il ne voulût pas faire punir suivant les rigueurs de la Justice, à cause de sa qualité de Cardinal, faut-il que vous débitiez avec audace, *que les chaînes dont on chargeoit les victimes, sont les monumens qu'a laissé ce Monarque ?* Voilà ce qu'on appelle de l'enflure & des grands mots exprès recherchez pour imprimer de la terreur & en imposer aux ignorans. Faut-il donc que les Rois, sous peine de passer dans votre esprit pour des Tyrans, laissent impunis les plus grands crimes ? Louis XIV. ne fit-il pas enfermer avec justice dans une cage cet insolent Gazetier d'Hollande, sans avoir pour cela perdu la réputation de Prince doux & moderé, dont il jouit à si juste titre ? Il eſt des forfaits qui doivent être châtiés avec rigueur, & l'on rend des actions de graces aux Princes qui ne les laiſſent pas impunis. Lorſque vous avez ainſi penſé de ce Prince, vous aviez oublié cette maxime que vous avez rapportée, p. 39. de vos Annales de l'Empire, *que la plus douce Loi eſt celle, qui, mettant le frein le plus terrible à l'iniquité, prévient ainſi les plus grands crimes.* Vous avez raiſon ; mais pourquoi mettez-vous tant de contradiction dans vos façons de penſer ?

Ce ſeroit peut-être ici le lieu de vous faire connoître la méchanceté des hommes de ce temps-là, dont la valeur rendue farouche & injuſte par le maniement continuel des armes, n'avoit pû être temperée par les douceurs de la raiſon, & auſquels il falloit des remedes violens pour les corriger ; mais cela nous meneroit trop loin.

Ce n'étoit pas aſſez de toutes les

calomnies que vous avez débitées ;
vous y mettez le comble par la fable horrible que vous rapporté ,
que , *tandis qu'il demande la vie à un Hermite , il s'abreuve du sang qu'on a tiré à des enfans , dans la fausse espérance de corriger l'âcreté du sien.* Tout ce qui suit de cet article est écrit dans des termes que la haine la plus envenimée a recherchés exprès pour rendre ce Prince odieux. Je ne m'abaisserai pas à réfuter ce que vous en dites , parce que vos faits tombent d'eux - mêmes faute de vraisemblance.

Prenez garde qu'on ne juge de votre façon de penser sur la Religion, par la manière ironique dont vous rapportez l'Histoire de Saint Francois de Paule ? Vous auriez dû parler plus dignement d'un homme , dont la vertu n'étoit pas équivoque dans toute l'Europe. Vous avez pris pour guide de votre façon de penser Mezeray , Auteur Caustique, dont le plus grand mérite con-

fifte dans les Satyres qu'il a débitées. Comme on n'avoit avant lui
aucun Hiftorien, dont on pût fou-
tenir la lecture, la malignité a fait
retenir ces infames vers qu'il a mis
au bas du portrait de Louis XI.
qu'il ne feroit pas difficile de juftifier, comme cela pourroit arriver,
fi mes occupations me le permet-
toient.

Comme vous n'avez employé
votre efprit qu'à faire des Critiques
ameres des défauts de Louis XI.
fans ufer de votre jugement, pour
faire connoître fes bonnes qualités, je vais vous achever fon portrait, & vous faire connoître la
fageffe de fa conduite.

Ce Prince avoit beaucoup de
courage ; il fit fes premieres armes
au Siége de Montreau où il fe dif-
tingua ; il monta des premiers fur
les remparts de la Ville de Pontoife
affiégée fous les yeux de fon pere.
Il eft inconteftable qu'il donna en
plufieurs occafions des marques de
valeur,

Il ne faut qu'ouvrir nos Histoires pour voir comment il se comporta sur le Trône. Il se débarrassa en homme de cœur & avec beaucoup d'habileté de la guerre du bien public. Le Duc de Berry son Frere s'étant évadé sécretement de la Cour, & retiré à celle du Duc de Bretagne, Louis XI. se mettoit à la tête de ses Troupes pour aller réduire ces Princes, lorsqu'il apprend que le Duc de Bourbon étoit à la tête d'un autre parti dans le cœur du Royaume, & que le Comte de Charollois se disposoit à entrer en Picardie à la tête d'une nombreuse armée. Louis, sans s'étonner, envoye un corps de Troupes en Bretagne, pourvoit à la sûreté de ses Frontieres du côté de la Picardie, & marche en diligence contre le Duc de Bourbon, sans lui donner le temps de se reconnoître, le remet dans le devoir, & lui pardonne. Il tourne ensuite contre le Comte de Charollois qui s'avan-

çoit vers Paris, donne la bataille
de Montlhery qui ne décide rien.
L'Armée des Conféderés com-
mandée par le Duc de Berry & par
tous ces Capitaines qui avoient fi
bien fait la guerre fous Charles VII,
campe aux environs de Paris. Louis
avoit donné de fi bons ordres que
fa Capitale étoit tranquille & bien
pourvûe de vivres, pendant que
les Conféderés étoient obligés de
s'étendre pour s'en fournir, ne ti-
rans d'autres avantages de la guerre
que le ravage du plat-pays ; enfin,
laſſés de voir la guerre traîner en
longueur, ils parlent d'accommo-
dement. Louis veut bien y enten-
dre ; & dans le deſſein de ramener
ou de punir dans la fuite tous ces
mécontens, il leur accorde ce qu'ils
demandent. Il donne à fon Frere
pour Appanage la Normandie ; il
céde au Comte de Charollois plufieurs Villes en Picardie. Le Duc
de Bretagne eſt dédommagé avec
de l'argent ; les autres Seigneurs

font rétablis dans leurs Charges ; il donne au Comte de Saint Pol, Favori du Comte de Charollois, l'épée de Connétable ; & l'on figne un Traité à Saint Maur au mois de Décembre 1465.

Louis fe voyant tranquille met toute fon attention à gagner les Seigneurs de France par fes bienfaits ; il comble de graces le Duc de Bourbon & fa Famille ; il s'attache le fameux Tanneguy du Châtel, en lui donnant le Gouvernement de Rouffillon, & en agit de même avec plufieurs autres. Ce Prince fe trouva fort bien de cette fage conduite ; car quelque temps après, le Comte de Charollois devenu Duc de Bourgogne par le décès de fon Pere, le Duc de Bretagne & le Connétable lui ayant encore débauché le Duc de Berry, aucun Seigneur, ou du moins bien peu, prirent leur parti, & Louis fe trouva en état de rendre leurs projets inutiles. Il fit arrêter le Car-

dinal

dinal de la Ballue & l'Evêque de Verdun qui étoient de l'intrigue. La Guerre que ces Princes avoient déclarée au Roi, après avoir duré assez long-temps avec beaucoup d'animosité, sans aucun événement considérable, étoit sur le point d'être terminée par une Paix, lorsque la mort du Duc de Berry en arrêta l'effet, & elle aboutit seulement à une tréve de quatre ans.

Pendant cette Tréve le Roi d'Arragon suscite à la France une Guerre que Louis termine à son avantage, en donnant la paix à ce Prince.

Cette Paix & la Tréve avec le Duc de Bourgogne donnerent à Louis le loisir de s'occuper à gagner le cœur de ses Sujets, réparer les fautes qu'il avoit faites, remedier aux désordres de la Guerre, & se mettre en état de la soutenir à l'expiration de la Tréve ; mais on lui brassoit pendant ce temps-là une affaire de grande importance. Le Duc de Bourgogne, toujours occupé de sa haine contre le Roi, fur lequel il ne pouvoit avoir aucun avantage , s'allie avec le Roi d'Angleterre qui paffe en France à la tête d'une nombreufe Armée. Louis pouvoit recevoir un terrible échec , fi le Duc de Bourgogne & le Connétable euffent été en état de fe joindre aux Anglois. Il étoit de l'intérêt de ce Prince de les prévenir , auffi le fit-il en habil Homme. Toute l'Europe croyoit la France à deux doigts de fa perte ; l'Angleterre n'avoit jamais mis fur pied une fi belle Armée ; elle s'étoit épuifée d'hommes & d'argent dans l'efpérance du pillage de la France ; Edouard qui la commandoit étoit un Prince dont le bonheur avoit jufqu'alors favorablement fecondé le courage ; il avoit gagné plufieurs Batailles & conquis fon Royaume à la pointe de fon épée ; mais l'on fut bien furpris de voir en très-peu de temps les deux Rois réconciliés & amis. La Paix fe fit malgré les violens murmures des Seigneurs Anglois , dont l'un dit un jour à

[75]

Comines , que *le Roi d'Angleterre avoit gagné neuf Batailles , & que Louis lui faisoit perdre la dixiéme par un Traité trop honteux pour l'An-gleterre.* Pour vous , Monsieur , vous l'avez regardé comme hon-teux pour Louis; les Anglois d'alors pensoient autrement que vous ; je crois qu'il faut s'en rapporter à eux , ainsi qu'aux Connoisseurs qui ont regardé ce Traité comme un chef-d'œuvre de Politique. Il en coûta la tête au Connétable de S. Pol qui trahissoit Louis , le Roi d'Angle-terre , & le Duc de Bourgogne tous ensemble. Louis devoit être fort indisposé contre le Duc de Bour-gogne pour toutes les affaires qu'il lui avoit suscitées ; cependant il ne se joignit point à ses ennemis , lors-que ce Duc déclara aux Suisses cette guerre qui lui coûta l'honneur & la vie. Louis lui envoya exprès pour l'en détourner une Ambassade qui fut inutile. L'horrible proposi-tion faite au Roi par le Comte de Campobasso de lui livrer le Duc de

Bourgogne mort ou vif, non-feu-
lement fut rejetté avec indigna-
tion, mais il en fit inftruire le Duc
qui répondit que, fi elle eût été
vraye, le Roi ne la lui eût pas dé-
couverte. Ce téméraire & infortuné
Prince paya de fa vie, par la trahi-
fon de Campobaffo, l'antipatie & la
haine qu'il portoit à Louis ; ce font
des faits qui n'ont pas été démen-
tis par les plus grands ennemis de
ce Prince.

La mort du Duc de Bourgogne,
qui ne laiffoit qu'une fille héritiere
de fes Etats, délivra le Roi d'un
dangereux ennemi, & lui procura
de grands avantages. La Bourgogne détachée de la Couronne fous
le Roi Jean, fut réunie à la France,
ainfi que plufieurs Villes de Flandres & de Picardie.

Je fçais qu'on a reproché à ce
Prince de n'avoir pas fait fes efforts
pour faire époufer à fon fils l'héritiere de Bourgogne & de Flandres ;
fans doute il avoit trouvé trop de
difparité entre les âges, car fon fils

n'avoit pas douze ans ; mais il est
des événemens dépendans des de-
crets de la Providence , que toute
la prudence humaine ne peut ni
prévoir ni changer. Si le Roi Charles VIII. eût épousé cette Princesse ,
il n'eût pas laissé d'enfans d'elle ,
& il eût fallu rendre ses Etats ; au
lieu que ce Prince ayant épousé
Anne de Bretagne , & l'ayant laissé
veuve de bonne heure & sans enfans , elle eût la liberté & la satis-
faction de donner sa main & sa
belle Province de Bretagne à Louis
XII. Prince aimable , auquel elle
n'avoit pû refuser son cœur. Et si
Louis XI. fit une faute en cette occasion , elle tourna à l'avantage de
la France. Le mariage de l'héritiere
de Bourgogne avec l'Archiduc Maximilien , occasionna une nouvelle
guerre avec la France , dont les
événemens furent peu considéra-
bles ; elle fut terminée par un Traité
très-avantageux à Louis.

Cette Paix mit ce Prince au
comble de la grandeur. Après un

Regne de vingt-deux ans, agité au dedans par l'indocilité d'un grand nombre de Seigneurs qu'il fut obligé de punir ou de gagner , & au-dehors par des guerres presque continuelles , il soutint glorieusement ces guerres sans laisser entamer ses Etats , & sans avoir jamais eu aucun revers considérable , & il se vit en état de doner la loi à toute l'Europe.

Vous n'avez pas sçû profiter , Monsieur , de la belle occasion que vous aviez au commencement de l'année 1482. de rendre à Louis XI. la justice qui lui étoit dûe. Vous pouviez nous décrire la situation brillante où il se trouvoit alors , au lieu de vous appésantir sur ses défauts.

Il venoit de faire une paix avantageuse avec Maximilien, le seul de ses voisins qui pût lui donner de l'ombrage ; le Roi d'Angleterre outré de ce que Louis refusoit de marier le Dauphin avec sa Fille , ne respirant que la vengeance, venoit de mourir , & laissoit son Isle dans une agitation qui ne permettoit pas aux Anglois d'inquiéter si-tôt la France. Le Duc de Bretagne, trop foible & trop vieux pour oser remuer seul, sans s'en répentir, ne cherchoit qu'à marier avantageusement sa fille unique. Le Roi & la Reine de Castille avoient tant d'affaires chez eux, qu'au lieu de chercher à faire la guerre à Louis du côté des Pyrennées, ils avoient imploré son assistance, qu'il leur avoit accordé par un Traité de Paix. La Savoye ne pensoit qu'à conserver sa tranquillité pendant la jeunesse de son Prince, & Louis avoit entierement gagné le cœur des Suisses, qui, par la défaite du Duc de Bourgogne, avoient fait connoître à l'Europe cette valeur & cette probité qui les a depuis fait rechercher par tous les Potentats. Tous les Princes d'Italie cultivoient avec soin son amitié. L'on sçait de quelle façon il avoit protegé les Florentins par la hauteur avec laquelle il fit parler ses Ambassadeurs au Pape Innocent VIII. qui avoit paru trop favoriſer les Pazzy dans la conjuration contre les Médicis. La France étoit tranquille au-dedans, les Peuples dans une ſoumiſſion parfaite, & toute l'Europe en ſilence, admiroit la ſageſſe & la grandeur de Louis XI.

Si vous examinez attentivement, Monſieur, la conduite qu'il tint, vous le verrez continuellement occupé à ſe défendre contre ſes voiſins, ſans avoir cherché à envahir leurs Etats. Quoiqu'il fut toujours armé, il n'haſarda jamais de bataille déciſive ; il écartoit de ſon Pays, autant qu'il pouvoit, les horreurs de la guerre ; ménager du ſang de ſes Sujets, il prodiguoit ſon argent pour s'acquerir des amis & des créatures, & terminoit toujours ſes guerres par des Traités avantageux pour lui, excepté le Traité de la Guerre du bien public, où il fallut céder à la force majeure & donner quelques Villes de Picardie qu'il recouvra enſuite. La déſunion des Chefs de la Guerre du bien public, la réunion des Allemands avec les Suisses , le Traité fait avec Edouard IV. Roi d'Angleterre , & celui fait avec Maximilien , sont des traits qui ont fait admirer sa politique & sa sagesse.

Instruit de tout ce qui se passoit dans son Royaume , il faisoit rendre à ses Sujets une justice exacte ; s'il fut obligé de faire des exemples de séverité , c'est qu'il y fut forcé par l'ingratitude de ceux qu'il avoit comblés de biens. Ces exemples servirent à rendre plus sages les esprits brouillons. Les enfans du Comte d'Armagnac qui avoient assisté au supplice de leur Pere, furent de très-honnêtes gens qui rendirent par la suite de très grands services à l'Etat. Enfin en mourant il laissa son Etat tranquille à son Fils. La minorité de ce Prince âgé seulement de treize ans, ne fut point troublée , à l'exception d'une petite tempête excitée par le Duc d'Orleans au sujet de la Régence. La disgrace que ce Prince essuya à cette occasion ne servit par la suite qu'à le

rendre un très-grand Roi par les sé-
rieusesréflexions qu'il fit sur sa faute.

Louis XI. eut toujours de nom-
breuses Troupes sur pied ; son Ar-
tillerie fut plus considérable que
celle d'aucun de ses Prédecesseurs.
Il avoit dessein de faire ensorte qu'il
n'y eût dans l'Etat qu'une Loi, un
poids & une mesure, & de changer
la bisarre varieté de nos Coutumes
qui rend l'administration de la Justice trop difficile.

Il augmenta son Etat de la Bourgogne , de l'Anjou , du Maine, du
Barois , de la Provence , & de plusieurs Villes de Picardie & d'Arrois.

Ce fut par une suite de cette sage
conduite, & par le bon ordre que
Louis X I. avoit mis dans son
Royaume , que les Regnes de ses
deux Successeurs Charles V I I I. &
Louis XII. furent si tranquilles au-
dedans, sans éprouver aucune révolte , & sans être forcé de recourir
à la séverité. On avoit appris que la
Puissance d'un Etat & le bonheur
des Peuples consistent dans l'heu-

reufe harmonie qui regne entre le Souverain & fes Sujets.

Telles font, Monfieur, lés couleurs avec lefquelles les Portraits des Rois doivent être peints, fans les obfcurcir par des Satyres déplacées. Ce n'eft pas que je prétende qu'on doive paffer fous filence les fautes effentielles qui ont pû caufer dans leurs Etats des révolutions ou des malheurs ; telle eft l'imprudence avec laquelle le Roi Jean attaqua le Prince de Galles auprès de Poitiers ; cette Bataille coûta au Roi fa liberté, & mit le Royaume à deux doigts de fa perte ; mais de rapporter des défauts communs à toute la nature humaine, de petites anecdotes inconnues, les orner de traits fatiriques ; je crois que ce font des défauts contre la dignité de l'Hiftoire. D'ailleurs lorfqu'on écrit on doit avoir un point de vûe fixe, dont il ne faut jamais s'écarter ; fi c'eft pour nous inftruire que vous écrivez, ne nous offiez que des faits intéreffans dignes d'être lûs, & que nous puiffions retenir.

Je crois avoir déviné comment vous avez étudié l'Hiſtoire. Lorſque vous liſez, vous portez ſur vos tablettes les traits ſinguliers, les réflexions brillantes ; vous les traduiſez, vous prenez même ſouvent celles de nos Auteurs François, ſans y rien changer, & il ne me feroit pas difficile de vous en convaincre ; enſuite dans la chaleur de votre imagination, vous les écrivez ſans ordre & ſans méthode, & vous trouvez le ſécret avec beaucoup d'eſprit de nous donner un livre inutile. Mais conſolez-vous, vous n'êtes pas le ſeul. Je ne ſçaurois mieux vous comparer qu'à l'Abbé Met. Il avoit fait une ample proviſion de toutes les belles penſées qu'il avoit ramaſſées dans les Poëtes, & ſur tout dans nos François ; & de tous ces lambeaux d'étoffes précieuſes, il en a compoſé des habits ridicules par le mauvais aſſemblage & le fil groſſier avec lequel il les a couſus. Toutes ces belles penſées détachées font un très-

mauvais effet dans les operas fin-
guliers où il les a enchaffés.

Il eft étonnant , Monfieur ,
qu'avec le génie dont la nature
vous a orné , vous n'ayez pû jufqu'à préfent nous donner quelque
Ouvrage parfait , comme vous auriez pû faire , fi vous ne vous étiez
pas trop livré à la manie de pré-
tendre tout fçavoir. Vous avez
voulu nous donner des Ouvrages
en tout genre , Poëfie , Hiftoire ,
Philofophie, Politique, rien ne vous
a paru difficile. Ce vers ironique
d'Horace mis au bas de votre Portrait, vous caracterife parfaitement,
Omnis Ariflippum decuit Color &
Status & Res.

Souvenez-vous de l'aventure qui
vous arriva chez une Dame de
beaucoup de mérite & d'efprit ,
lorfqu'un Anglois , grand Sectateur
de Newton , vous convainquit que
dans le livre que vous aviez fait fur
l'Ouvrage de ce Philofophe , vous
n'en aviez pas conçû les premiers
élémens.

Vous employez dans votre narration ces traits éclatans dont se sert la Poësie pour exciter des émotions qui remuent l'ame & jettent le trouble dans l'esprit ; on se laisse éblouir à la beauté de vos expressions, sans chercher à démêler le vrai d'avec le faux ; au lieu d'un style simple & noble qui est celui de l'Histoire, vous employez celui de l'éloquence qui par son art imposteur jette des nuages sur la vérité. Vous avez plus cherché à plaire par le style guindé, mais brillant, de Tacite, que par la douceur & les graces de Tite-Live. Enfin, après avoir lû votre Ouvrage, je crois être à la fin d'un orage dont je n'ai que le souvenir des éclairs qui m'ont ébloui, & du bruit du tonnere dont j'ai été effrayé, sans avoir rien appris.

Il seroit à souhaiter, Monsieur, que nous eussions eu d'habiles Historiens, qui, à l'exemple de ceux dont les écrits nous ont transmis les belles actions des Grecs & des

Romains, euſſent mis dans un beau jour les traits de notre Hiſtoire, qui méritent de paſſer à la poſterité.

Le Ciel a favoriſé nos vœux par le don qu'il nous a fait de deux jeunes Princes deſtinés à ſoutenir le Trône & la gloire de notre Monarchie. N'eût-il pas été glorieux pour vous de leur préſenter, à l'exemple de M. Boſſuet, des Ouvrages capables de contribuer à leur éducation? Les actions glorieuſes de leurs Ancêtres ſont des monumens dignes de leur attention. J'exhorte à les produire ceux qui joignant au talent de bien écrire beaucoup de jugement & des ſentimens élevés, ſont en état de faire un beau choix des faits dont il faut parler, ſans aller chercher des anecdotes baſſes & des faits inutiles qui ne font que rabaiſſer le cœur. L'Anecdote, par exemple, de votre homme au maſque de fer, devoit-elle avoir place dans l'Hiſtoire d'un auſſi beau Regne que celui de Louis XIV. où vous l'avez miſe? Je la crois fauſſe,

Vous en êtiez même si peu sûr, que vous en avez changé des circonstances dans votre seconde édition ; & quand elle seroit vraye, quel fruit en peut-on tirer, sinon de donner lieu à des réflexions indécentes ? vous avez crû mettre du merveilleux, & vous êtes tombé dans le bas. Au lieu de vous amuser à extraire l'Histoire de l'Empire pour en composer les Annales & y joindre vos réflexions particulieres, que ne composiez-vous les Annales de votre Patrie, remplis d'une si grande quantité de faits intéressans pour la Nation ? C'est alors que nous eussions admiré votre génie.

Vous nous eussiez fait voir, sous Hugues Capet, les foibles commencemens de la Monarchie Françoise, dont les plus belles Provinces avoient été envahies par des Seigneurs particuliers ; mais les Rois ses Successeurs, par une prudence & une attention dont ils ne se sont jamais écartés, les réunissent à leur Couronne. Combien de Princes illuſtres auroient trouvé une Place honorable dans cette Hiſtoire.

Je vois Philippes Auguſte, à la tête d'une Armée moins forte de moitié que celle de ſes ennemis , faire des actions d'une valeur héroïque à la Bataille de Bouvines , dont le ſuccès abbat la Puiſſance de l'Empereur Othon , & la ſuite rend Philippes maître de pluſieurs belles Provinces. Victoire cependant que vous rabaiſſez , p. 261. de vos Annales , par la façon ironique dont vous la décrivez.

Saint Louis allie un courage invincible avec une pieté ſolide ; ſon ame eſt continuellement excitée par la juſtice & l'amour de ſes Peuples , & il ſoutient avec fermeté les droits de ſa Couronne contre les prétentions des Papes & des Evêques.

Le Regne de Philippes de Valois eſt funeſte à la France par la Bataille de Crecy , qu'il perdit pour avoir imprudemment attaqué le Roi d'Angleterre. Celui du Roi

Jean ſon Succeſſeur eſt encore plus malheureux. Victime d'un courage trop bouillant , qu'il ne ſçait pas moderer par la prudence , prêt à expirer ſur un monceau de corps ennemis , il eſt fait priſonnier. Il doit ſa liberté à un Traité déſavantageux pour ſon Etat ; mais le trouvant trop difficile a exécuter, ſemblable à ce fameux Regulus , il ſe remet entre les mains de ſon ennemi , malgré les repréſentations de ſes Sujets , en leur diſant que ſi la bonne foi & la vérité ſe trouvoient bannies du monde , elles devroient ſe trouver dans la bouche des Rois.

Charles V. ſon Fils fait voir un caractere tout différent ; ſans ſortir de ſon Palais , mais ſecondé par ſon fameux Connétable du Gueſclin , dont il ſçait à propos moderer & employer le courage, il rétablit le Royaume , en chaſſe les Anglois , & gouverne avec une prudence qui lui fait donner le ſurnom de ſage.

Le commencement du Regne de Charles VI. donne de grandes

espérances ; mais sa raison troublée par un accident fatal, met le Royaume en combustion. Les querelles des Maisons de Bourgogne & d'Orleans , causées par l'ambition de gouverner , produisent de part & d'autre des actions horribles , qui font voir à quels excès se portent les Peuples , lorsque l'Autorité Royale est avilie. Si par intervalles ce Prince recouvre sa raison , c'est pour en gémir , sans pouvoir remedier aux malheurs que sa maladie cause à ses Peuples qui l'adorent & pleurent sur son triste sort ; il jouit seulement du surnom de Bien aimé que leur amour lui donne.

Il ne reste à Charles VII. dépouillé par sa mere & le Roi d'Angleterre son beau-frere, de la plus grande partie de ses Etats , qu'un grand nombre de fidéles Sujets. Les uns habitans des Villes soumises aux Anglois , conservent toujours un cœur françois , malgré le joug qu'ils sont forcés de subir , pendant que les autres couvrans leur Roi de leurs armes , font des actions de valeur égales à celles des plus grands Héros de l'Antiquité. Ce Prince aidé de ces braves Sujets & de cette illustre Pucelle d'Orleans , chasse les Anglois & mérite le titre de Victorieux.

Louis XI. après un Regne de 22 ans , fort agité tant au-dedans qu'au-dehors , laisse à son Fils son Royaume dans un dégré de puissance & de tranquillité , auquel il n'étoit pas encore parvenu.

Louis XII. mérite le nom de Pere de son Peuple par son attention continuelle à le rendre heureux ; plus heureux lui-même sans les guerres continuelles d'Italie , qui ne lui furent pas favorables.

François I. jeune Prince plein de valeur , veut réparer en Italie les pertes de son Prédecesseur ; ébloui par les succès d'une premiere Campagne , il croit que le courage seul suffit pour vaincre ses ennemis ; il est fait prisonnier à la Bataille de Pavie ; sa captivité lui donne lieu de faire des réflexions qui lui apprennent que le courage fans prudence eft une témérité ; il fe corrige ; il trouve tant de reffources dans fa fageffe & le courage de fes Sujets , qu'il rend inutile la puiffance formidable de Charles-Quint.

Les Regnes de François II. Charles IX & Henry III. fe paffent dans la plus cruelle agitation ; les François éprouvent tous les maux que peut caufer l'ambition cachée fous le mafque de la Religion.

Mais à la fin de tant de troubles, Henry IV. paroît , ce Prince né avec toutes les belles qualités guerrieres & politiques , qui forment un grand Roi, eft obligé de conquerir la plus grande partie de fon Royaume. Après cinq ans d'une guerre très-animée , il rentre dans fa Capitale. Il employe le loifir de la paix à réparer les maux que la guerre avoit caufés dans fon Etat ; & admirab'ement fecondé par fon fidéle Miniftre le Duc de Sully , dont la confiance entiere d'un tel

Maître fait le plus grand éloge , il rend au Royaume fa premiere fplendeur.

La Minorité & le commencement du Règne de Louis XIII. font affez agités ; il faut un auffi grand Miniftre que le Cardinal de Richelieu pour affermir l'autorité royale ; il eft obligé de faire punir quelques Seigneurs qui avoient ofé s'émanciper. Son efprit & fes maximes fervirent encore de régle à la conduite qui fût tenue fous la minorité de Louis XIV. Le Cardinal Mazarin , inftruit par ce Miniftre , mais d'un génie plus fouple & plus liant , termine par le Traité de weftphalie les guerres que Richelieu avoit commencées ; ce Traité rétablit la Paix entre toutes les Puiffances de l'Europe.

Il n'eft pas poffible entre tant d'événemens qui ont illuftré le Regne de Louis XIV. d'en préferer quelqu'un pour en faire l'éloge. La matiere eft trop abondante ; mais de toutes les périodes de fa vie, celle qui me paroît la plus admirable est la derniere. Avec quelle grandeur d'ame ce Prince en a-t-il foutenu les adverfités ! Epuifé par une longue guerre contre toutè l'Europe, après avoir perdu deux Batailles, fon petit-fils est prêt d'être renverfé du Trône d'Efpagne ; il perd en moins d'une année les deux préfomptifs héritiers de fa Couronne ; mais fa fermeté & fon courage ne l'abandonnent pas, l'affaire de Denin rétablit tout, & le Congrès d'Utrecht rend la tranquillité à fon Etat. Prêt à finir fa glorieufe carriere, ce Prince n'envifage d'autre félicité que celle de nous laifler un foible, mais précieux rameau de fon illuftre Race, deftiné à faire le bonheur de fes Peuples. Le Ciel pour notre félicité a bien voulu nous conferver Louis fon petit-fils, dont la minorité différente de prefque toutes les autres, fût tranquille fous la Régence, & par la fageffe du Duc d'Orleans.

Je ne vous tracerai pas ici les ver-

tus de cet augufte Monarque, j'aurois peur de les affoiblit par mon
peu de capacité à les écrire dignement. Contentons-nous de les admirer avec toutes les Nations de
l'Europe qui en font témoins. Je ne
vous parlerai pas de Fleury, ce fage
Miniftre, dont le cœur droit, dé-
fintéreffé, & le iugement exquis,
ont conduit la jeuneffe de ce Prince.
Je ne vous parlerai pas de cet illuftre Maréchal Comte de Saxe, dont
les vertus guerrieres ont égalé les
plus grands Héros, & de tant d'autres perfonnes qui l'approchent,
lefquelles guidées par la fageffe de
ce Prince, concourent avec lui à la
grandeur & à la félicité du Royaume. Contentons-nous d'en faire
l'objet de notre amour & de nos
vœux.

Tels font les hauts faits qui méritent d'être placés
dans l'Hiftoire : qu'ils foient écrits d'une maniere noble & grande ; qu'ils foient foutenus de fages & cour-
tes réflexions, il n'eft pas de bons François qui ne les
trouve dignes d'être préfentés à nos jeunes Princes,
& de paffer à la poftérité.

F I N.